TRAVEL
SAFETY
出行安全

01 出行前的准备及注意事项

PREPARATION AND PRECAUTIONS BEFORE TRAVEL

〔1〕请将证件、文件、手机、充电器等必备物品备齐。如在境外停留时间长，建议将护照资料页复印，复印件背后写上紧急情况联系人的姓名、地址、电话，将此页塑封做成“个人信息卡”备用。

〔2〕若非必要，避免携带过多的现金和贵重物品。建议携带和使用银行卡。如必须携带大额现金，记得做好安全防范，入出境时必须按规定向海关申报，还要注意目的地国家的外汇限制。

〔3〕出差前要了解当地的气候和安全状况，做好准备；如当地有安全、环境等不稳定状况，应及时报告公司做出及时调整。

〔4〕严禁携带毒品、国际禁运物品、受保护动植物制品及前往国禁止携带的其他物品。切勿为陌生人携带行李或物品，防止在不知情中为他人携带违禁品而引来法律麻烦。慎重选择携带个人物品，在海关规定允许的范围内选择所携带药品的品种和数量。

5 入境时请主动配合目的国出入境检查机关的审查，如遇个人无法解决的突发情况，应立即与中国驻当地使领馆联系。

行前准备列表（供参考）

护照（单独存放）	□	个人随身携带物品	□
签证	□	电源转换插头	□
出境证	□	常用药品	□
机票行程单	□	地图	□
身份证（单独存放）	□	工作名片	□
（国际）驾驶执照	□	小面值当地现金	□
照片	□	个人生活用品	□
介绍信（邀请函）	□	疫苗接种证明（黄皮）	□
紧急联络卡	□	健康检查证明（红皮）	□
瑞士军刀（需托运）	□	雨伞 / 雨衣	□
重要文件备份加密 （扫描件 / 拍照 /U 盘） 随行文件加密	□	衣物厚薄适度、洗漱用品	□
电子设备、U 盘等重要文件备份	□	保险单扫描件	□
其他：将自己完整海外行程告知国内紧急联系人（如家人、朋友）			

备注：所有证件材料均需自备复印件

02 旅途中的安全

SAFETY ON JOURNEY

[1] 在办理登机或离开手续之时，请时刻关注和留意所携带物品的去向。

[2] 请勿将贵重物品放在需要托运的行李包里。

[3] 请直接前往机场的安全区，例如登机门。

[4] 机场的失窃案件经常发生在将物品放置在地面之时、打电话之时、使用 ATM 机之时，或在物品安全检查处时，请保持高度警惕。

[5] 乘车、包车应到正规车站售票窗口进行购票、包车乘坐，以防上当受骗。

6 不要乘坐非法营运车辆、超员车辆、带病车辆、无牌照车辆以及有其他违法行为的车辆。

7 上车前后避免拥挤，不要站在靠近车门位置。

8 请勿将贵重物品（特别是手提电脑）放置在行李架上，中途停车看好行李，警惕有人频翻行李，时刻注意周围可疑活动。

9 尽量不要随着人流争抢座位。确保随身物品安全。

10 自驾车或者乘坐出租车时，要注意交通标志，自觉遵守当地交通规则。上车后保持车门上锁，把车窗摇起至顶点并把贵重物品放置在不易被发现的地方。不要随便停车，不载搭便车的人。选择安全区域停车，记住自己的停车位以及四周的情形，下车时检查门窗是否锁好，车上不要放引人注意的东西和贵重物品。应随车携带工具箱、备胎、急救包、灭火器。打雷时要紧闭车窗，不要接打手机。

11 在行驶中如发现车辆驾驶员有疲劳驾驶、超速行驶、超载行驶或酒后驾驶等违章行为，要及时予以指出，或报告执勤的公安民警和客运管理部门。

〔12〕途中如车辆出现险情或发生事故，要迅速撤离至路肩，并及时拨打报警电话。如在高速公路上发生上述情况，驾驶员和乘客要迅速离开车辆，撤离到高速公路外，以防二次事故的发生。

03 抵达目的地后的安全

SAFETY UPON ARRIVAL AT DESTINATION

〔1〕尽可能地结伴同行。尽可能远离各种机动车辆、机械设备、电气线路、基坑、空洞、大型广告牌等不安全区域。

〔2〕尽量避免在黑暗和僻静的地方行走，时刻关注身边环境的变化，

提高警惕性。

〔3〕陌生人走近时，请不要停留或驻足聊天。不饮用陌生人提供的食物、饮料。

〔4〕不随身携带大额现金、贵重物品，也不在住处存放。丢失银行卡，应立即报警并打电话到发卡银行进行挂失。

〔5〕在面临危险时，请勿与罪犯抵抗。放弃贵重物品，首先确保生命安全。

SITE SAFETY

场所安全

01 公共场所安全

PUBLIC PLACE SAFETY

[1] 进入公共场所时，先观察安全出口、紧急通道的位置。

[2] 不要到热点地区和正有抗议活动、大型集会的区域。

[3] 在人流量大的地方，要注意在火灾、骚乱等紧急情况出现时保护好自己，以免发生踩踏。

02 居住安全

RESIDENCE SAFETY

〔1〕入住正规宾馆、酒店，并遵守酒店规定。在办理入住登记或离开手续时，密切关注所携带物品的去向。

〔2〕入住后及时查看安全疏散图，了解安全出口位置，室内消防应急物品及其使用方法。如遇火灾，请听从酒店安保指挥，沿就近逃生路线疏散至安全集合点。

〔3〕在酒店内将物品放置在前台的地面、大堂休息处、餐馆或者酒吧时，请保持高度警惕。

[4] 保管好随身携带的手提电脑和贵重物品，例如现金、证件等。

[5] 在房间时，保持房门始终上好保险锁。当有访客敲门时，使用保险锁开门，并确认访客身份。

[6] 在大堂会见来访者，尽量避免在房间会客。

[7] 酒店的洗手间属于公共区域，进入洗手间请看管好随身携带的物品。

[8] 租房应通过合法房屋中介，尽量选择在治安、环境条件较好的住宅区寻租，并签订完备的租住合同。不与陌生人合租。与友人合租时应注意保护个人隐私，妥存个人证件，防止银行卡遗失、密码泄露。当遭遇租房陷阱、被骗或被盗时，应及时向当地房屋租售管理部门投诉、向警方报案或采取进一步法律行动。

03 办公场所安全

OFFICE SITE SAFETY

[1] 选择治安状况好的办公区，如果是独立的房屋，就需要安装相应的防盗、报警设施，院墙顶上要有防爬的装置，院子四周不应有灌木和靠近院子的高树，梯子要收好，房子周围的照明要完好，没有死角。

[2] 选址应尽量远离潜在袭击目标或较为敏感的建筑周围，例如敏感国家的大使馆以及宗教设施；尽量靠近主要交通路线，到机场、医院等重要设施也较方便。

[3] 楼层优先考虑选择 3 至 7 楼之间，这个范围的楼层既不容易从街道上接近，在紧急情况下也处于救援范围之内。

[4] 从正规渠道租用写字楼，签署完备的合同，租房过程中注意留存相关收据、合同等文件，警惕低价出租广告。

[5] 仔细检查房屋水、电、气以及防火防盗等设施是否符合要求。

04 一般安全

GENERAL SAFETY

[1] 了解所在区域派出所或警察局位置、报警电话或紧急求助电话。

[2] 不要在家 / 办公室存放大量现金。

[3] 离开家 / 办公室时，应确认水、电、气关闭以及门窗上锁；外出时应随身携带钥匙并锁好门；如果钥匙丢失，立即换锁；到家 / 办公室之前提前准备好钥匙，不要在门口翻找。

[4] 夜间上楼应尽量乘坐电梯，不走楼梯；进门前注意是否有人跟踪或藏匿在住处附近死角，若发现可疑现象，切勿进屋，立即报警。

[5] 开门前，要先确认对方身份，对不认识的人要挂上安全门链后再开门或交谈；不邀请不熟的人来家做客；独自在家时要保持门窗关闭上锁；打雷时，应关闭电视机、

电脑，勿拨打手机或靠近窗户。

〔6〕分别在家和办公室准备好应急包，根据需要存放必要的水、食物、通讯、消防和医疗设备等应急物品。

〔7〕防止易燃气体泄漏引起火灾。使用煤气等可燃气体，室内应具备通风条件。发现漏气现象，切忌使用明火寻找漏源，也不要开灯、打电话，应迅速关闭阀门，打开门窗通风。

〔8〕防止用电不慎引发火灾。要经常检查家用电器线路、插座，线路老化、受损、插座接触不良均可能导致线路发热引发火灾。不超负荷用电，不用其他导线代替保险丝。

〔9〕防止烤火取暖引发火灾。不在家中储存大量易燃液体。烤火取暖避免使用汽油、煤油、酒精等易燃物引火。火炉及电暖器周围不堆放可燃物，不在蒸汽管道、取暖器材周围烘烤衣物。老人、小孩烤火需有人监护。

〔10〕家用电器、电源设备等出现故障尽量寻求专业人员修理，避免自行带电维修。勿用湿手更换灯泡、灯管，勿用湿布、湿纸擦拭灯管、灯泡。发现有人触电，要立即切断电源。无法切断电源时，不能直接用手拉救，要用木棍使人和带电体脱离。

DIETARY SAFETY

饮食安全

[1] 饮食前后需洗手或用免洗手消毒剂。

[2] 外出就餐时，应注意选择卫生状况好的就餐场所，不买街头无照(证)商贩出售的盒饭及食品，不吃路边不洁食品；不吃来历不明的可疑食品，不吃变质、外包装标识不全或超过保质期限的食品等。

[3] 生吃瓜果要用净水洗净、开水烫洗或消毒，能削皮的尽量削皮；尽量少食用凉拌菜和海鲜。

[4] 不饮用生水。

[5] 出差期间视自身情况准备常用药品。携带治疗自身疾病的特殊药品时，建议同时携带医生处方及药品外文说明和购药发票。

[6] 如有身体不适，请选择正规医院就诊。发生食物

中毒，应立即停止食用可疑食品，赴医院寻求专业救治，或在专业人员指导下，采取饮水、催吐、导泻等方法进行自救。

[7] 食物中毒

通常指吃了含有有毒物质或变质的肉类、水产品、蔬菜、植物或化学品后，感觉肠胃不舒服，出现恶心、呕吐腹痛、腹泻等症状，共同进餐的人常常出现相同的症状。可分为细菌性食物中毒、真菌性食物中毒、化学性食物中毒。

应立即停止食用可疑食品，赴医院寻求专业救治，或在专业人员指导下，采取饮水、催吐、导泻等方法进行自救。

注意事项：

· 不吃不新鲜或有异味的食物。

·不要自行采摘蘑菇、鲜黄花或不认识的植物食用。

· 扁豆一定要炒熟后再吃，不吃发芽的土豆。

· 从正规渠道购买食用盐、水产品以及肉类食品。

· 生熟食物要分开存放，水产品以及肉类食品应做熟后再吃。

· 不要用饮料瓶盛装化学品。存放化学品的瓶子应有明显的标志，并放在隐蔽处，以免儿童辨别不清而饮用。

· 发生食物中毒后应尽可能留取食物样本，或者保留呕吐物和排泄物，供化验使用。

· 抢救食物中毒病人，时间是最宝贵的。从时间上判断，化学性食物中毒和有毒的动植物毒素中毒，自进食到发病是以分钟计算的；生物性（细菌、真菌）食物中毒，自进食到发病是以小时计算的。必须立即送往医院抢救，不要自行乱服药物。

EMERGENCY RESPONSE

突发事件应对

01 乘坐电梯遇突发事件

EMERGENCY WHILE TAKING ELEVATORS

【1】候乘电梯时不要用脚踢电梯门、用手撬扒电梯门，身体不要倚靠电梯门，电梯超载报警时，不应再进入电梯轿厢。

【2】不要用手、脚或者物品阻止电梯轿厢门的关闭。

【3】不要在运动的电梯内进行嬉戏玩耍和打闹，不要乱按电梯按钮，在电梯运行的时候，身体应该尽量离开门口站立，小孩和老人应该避免单独乘坐。

【4】如被困在电梯轿厢内，应该先按下电梯内部的紧急呼叫按钮，在电梯内等待救援。如果呼叫按钮已经失灵，则应该拨打报警电话寻求帮助。

【5】如在电梯内手机没有信号，可以拍门叫喊，以此方式来吸引电梯外人员的注意。无人回应时应镇静等待，不要通过其他危险方法离开电梯。

02 乘坐公共交通工具遇突发事件

EMERGENCY WHILE TAKING PUBLIC TRANSPORT

[1] 保持冷静和理智。采取合适的自救方式逃生。

[2] 及时拨打报警电话。与外界取得联系。

[3] 听从专业人员指示、疏导。

[4] 利用部分陆地交通工具自救逃生办法：

办法一

利用车载灭火器。车载灭火器一般放置在下车门附近和司机座位附近，使用步骤为：

① 拔去压把上的保险销

② 手握喷嘴对向火焰根部

③ 用力按下压把

④ 距火源两米左右喷射灭火

办法二

利用车载应急开关。每辆公交车都有应急开关，有的在司机座位旁，有的在车门顶部。按要求拧开应急开关，可以手动打开车门。

办法三

利用放气阀打开车门。通过顺时针转动可切断车门气路，在此状态下，车内或者车外手动就可以打开前后门。

办法四

利用安全锤敲碎车窗。推拉窗可以直接拉开窗户，非推拉窗需使用安全锤，用力敲击车窗四个角，安全锤放置在两个车窗的立柱上。如暂无安全锤，也可利用随身携带的一切尖锐物品，如：高跟鞋、钥匙等。

办法五

利用车顶天窗。新型公交车均采用换气扇式天窗，天窗一端配有红色或黄色旋钮，紧急时刻旋转此钮，可将天窗整体掀出车体，可通过天窗逃生。

03 应对抢劫

COPING WITH LOOTING

[1] 如发现可疑人物或行为，躲到安全地带并报警。如果安全的话可采取躲避行为。

[2] 如果歹徒继续追赶，将车开到人多地带，并通过电话求救。

[3] 如果歹徒已经非常接近，不要试图逃跑。

[4] 开车经过闹市区或偏僻地带时，确保车门锁好，车窗升起以防止突然暴力入侵。

[5] 发现劫车或可疑行为，马上掉头并驾驶到安全的地方。

[6] 如果无法掉头，就待在车里，保持冷静，不要反抗，坚决服从歹徒的命令。下车前可请求解开安全带，以免让歹徒误认为是在取武器。

[7] 面临劫持时，交出抢劫者要求的钱包，如果被攻击，切记保命为重。尽量保持镇静，记住劫持者的细节特征，向警方报告，如在境外同时向中国驻当地领事馆反映情况。及时与家人、朋友联系，告知案情。避免家人、朋友因信息不畅被不法分子借机欺骗、敲诈。

04 绑架、劫持应对

COPING WITH ABDUCTION, HIJACKING

【1】尽量避免与绑匪直视，更不能有言语冲突；表现出顺从的样子，勿流露出有逃跑企图的举动和意向。

【2】适时向绑匪提出要求人道主义待遇，索要饮水、食物及药品等。

【3】留心观察周围环境和行进路线，以备日后选择正确逃离路线；如听到枪响，应即俯地，并伺机逃离。

【4】内心保持镇定、信心，等待救援；尽可能了解自己所处的位置。如被蒙住双眼，可通过计数的方法，估算汽车行驶的时间和路途的远近，记住转弯的次数、大致的方向等。

【5】在确保自身不会受到更大伤害的情况下，尽可能与绑匪巧妙周旋，如利用绑匪准许人质与亲朋通话的

时机，巧妙地将自己所处的位置、现状、绑匪等情况告诉亲朋；如采取自救措施时，一定要选择好时机，不要激怒绑匪，在确保自身安全的情况下逃脱。

〔6〕逃脱后，要立即报案，提供绑匪的有关情况；人质所在单位联系人如接到疑犯电话，要机智周旋，勿激怒对方。

〔7〕人质所在单位联系人立即报案（或向驻在国或地区的中国驻外使领馆联系），并提供：人质年龄、体貌特征、生活习惯、活动规律、随身携带物品、手机号码、车辆及近期照片；案发前后是否有可疑人、可疑电话或可疑车辆等情况；案发后，绑匪以何种方式与单位联系及其电话号码，绑匪要求等。

〔8〕如选择报警，人质所在单位联系人应按警方提示与绑匪联系；根据警方制定的解救方案，协助警方开展行动，不要擅作主张。

05 应对火灾
COPING WITH FIRE

1 楼宇建筑火灾

（1）及时扑救。可利用各楼层的消防器材扑灭初起火灾。

（2）向下不向上。因火势向上蔓延，应用湿棉被等物作掩护快速向楼下有序撤离。

（3）关紧房门。离开房间以后，一定要随手关门，使火焰、浓烟控制在一定的空间内。

（4）注意防烟。用湿毛巾等物掩住口鼻，保持低姿势前进，呼吸动作要小而浅。带婴儿逃离时，可用湿布轻轻蒙在婴儿脸上。尽量避免大声呼喊，防止有毒烟雾进入呼吸道；离开房间后，应关紧房门，将火焰和浓烟控制在一定的空间内。

（5）理性逃生。利用建筑物阳台、避难层、室内设置的缓降器、救生袋、应急逃生绳等进行逃生，也可将被单、台布结成牢固的绳索，系牢在窗栏上，顺绳滑至安全楼层。

（6）等待救援。当通道被火封住，欲逃无路时，可靠近窗户或阳台呼救，同时关紧迎火门窗，用湿毛巾、湿布堵塞门缝，用水淋透房门，防止烟火侵入。

（7）靠墙躲避。因为消防人员进入室内救援时，大都是沿墙壁摸索行进的；火场能见度非常低，保持镇静、不盲目行动是安全逃生的重要前提；因供电系统随时会断电，千万不要乘电梯逃生。

（8）不要轻易跳楼。只有在消防队员准备好救生气垫或楼层不高的情况下，或者如不跳楼就会丧命的情况下，才能采取此方法。

〔2〕公共聚集场所发生火灾，应听从指挥，就近向安全出口方向分流疏散撤离，千万不要惊慌拥挤造成踩踏伤亡。在人群中前行时，要和人群保持一致，不要超过他人，也不要逆行。若被推倒在地，首先应保持俯卧姿势，两手抱紧后脑，两肘支撑地面，胸部不要贴地，以防止被踏伤，条件允许时迅速起身逃离。

〔3〕地铁发生火灾，应利用手机、车厢内紧急按钮报警，并利用车厢内干粉灭火器进行扑救。无法进行自救时，应听从指挥，有序地安全逃生。不要大喊大叫、惊慌失措，也不能从行驶中的列车车窗跳下。

06 应对洪水

COPING WITH FLOODING

[1] 提早撤离，紧急时登高躲避，危急时就近攀爬树木、高墙、屋顶（不要爬到泥坯房屋顶），不要惊慌失措，不要游泳逃生，不要接近或攀爬电线杆、高压线铁塔。

[2] 携带可长期保存的食品、足够的饮用水和其他生活必需品。

[3] 用可漂浮物自救。如被洪水卷走，尽可能抓住固定或漂浮物品。

[4] 移动电话可以寻求救援。如情况允许，应将移动电话充足电并使用塑料袋密封包裹，以保证电话的正常使用。

[5] 身着醒目的衣服便于搜救人员识别、寻找。选择衣服时，要注意衣服颜色与附近房屋屋顶颜色、植物颜色相区别。

07 应对地震
COPING WITH EARTHQUAKES

地震发生时应沉着冷静，不要惊慌。

[1] 如在室内，迅速关掉电源、气源。蹲下，寻找掩护并抓牢——利用写字台、桌子或者长凳下的空间，或者身子紧贴内部承重墙作为掩护，双手抓牢固定物体。如果附近没有写字台或桌子，用双臂护住头部、脸部，蹲伏在房间的角落。远离玻璃制品、建筑物外墙、门窗以及其他可能坠落、倒塌的物体，例如灯具和大衣柜等。在晃动停止并确认户外安全后，方可离开房间。不要站在窗户边或阳台上。不要跳楼或破窗而出。切勿使用电梯逃生。

〔2〕如在室外，远离建筑区、大树、大型广告牌、立交桥、街灯和电线电缆，之后待在原地不动。

〔3〕如在开动的汽车上，在确保安全的情况下，尽快靠边停车，留在车内。不要把车停在建筑物下、大树旁、立交桥或者电线电缆下。不要试图穿越已经损坏的桥梁。地震停止后小心前进，注意道路和桥梁的损坏情况。

〔4〕如被困在废墟下，要坚定意志，就地取材加固周围的支撑。不要向周围移动，避免扬起灰尘。用手帕或布遮住口部。敲击管道或墙壁以便救援人员发现。可能的话，请使用哨子。在其他方式都不奏效的情况下再选择呼喊——因为喊叫可能使人吸入大量有害灰尘并消耗体能。不在封闭室内使用明火。

08 应对台风、飓风

COPING WITH TYPHOONS, HURRICANES

[1] 台风（飓风）到达前，要随时通过电台、电视了解台风（飓风）移动情况及政府公告，确保门窗牢固，熟悉安全逃离的路径和当地的避难所，准备不易变质的食品及罐装水、自救药品和一定现金，保证家用交通工具可正常使用，并加足燃料，随时听从政府公告撤至安全区域。

[2] 台风（飓风）来临时，应紧闭门窗，关闭室内电源，尽量避免使用电话、手机。远离门窗和房屋的外围墙壁，躲到走廊、空间小的内屋、壁橱中，或者地下室或半地下室。不要外出。

[3] 如在室外，请不要在大树下、临时建筑物内、铁塔或广告牌下避风避雨。不要在山顶和高地停留，要避开孤立高耸的物体。

〔4〕如在水上，应立即上岸。

〔5〕如在汽车上，立即离开汽车，到安全住所内躲避。

〔6〕如在公共场所，要服从指挥，有秩序地向指定地点疏散。

〔7〕未收到台风（飓风）离开的报告前，即使出现短暂的平息仍须保持警戒。

〔8〕台风（飓风）过后，应注意检查煤气、水、电路的安全性，不使用未被确认为安全的自来水，不要在室内使用蜡烛等有火焰的燃具。室外行走遇路障、被洪水淹没的道路或不坚固的桥梁，应绕行，并注意静止的水域很可能因为电缆或电线损坏而具有导电性。

09 应对特殊地理环境、气候

COPING WITH SPECIAL GEOGRAPHICAL CIRCUMSTANCES, CLIMATE

1 应对热带雨林气候

（1）提前做好疾病疫苗注射，准备驱湿防暑药品，多喝些淡盐水、吃些清淡食品，保持身体健康，提高免疫能力。

（2）防病：准备必要的药品，如蛇药片、预防疟疾药品、肠胃药、白药、酒精、碘酒、药棉、纱布绷带等。携带充足的饮用水，如需取用自然水源，请务必加热煮沸。

（3）防蛇咬：用木棍拨打草丛，将蛇惊走。一旦不小心被毒蛇咬伤，不要惊慌，要及时寻求专业医疗救治，并在此前迅速自救。自救处置，应先把伤口上方（靠心脏一方）用绳或布带缚紧，再用力挤压伤口周围的皮肤组织，将有毒素的血液挤出，然后可用清水、唾液洗涤伤口，同时可服下解蛇毒药片，并用药片涂抹伤口。

（4）避雷击：如果在雨林中遇到雷雨，可到附近稠密的灌木带躲避，不要躲在高大的树下。避雨时应把金属物暂存放到附近一个容易找到的地方，不要带在身上。

（5）防蚊：不穿短衣裤，应扎紧裤腿和袖口。当夜幕降临时，最好支起帐篷或蚊帐睡觉，以防蚊虫叮咬。

（6）防水蛭：在鞋面上涂肥皂、防蚊油可防止水蛭上爬，大蒜汁也可驱避水蛭。喝开水，防止生水中水蛭幼虫体内寄生。如被水蛭叮咬，勿用力硬拉，可拍打使其脱落。也可用肥皂液、浓盐水，或用火烤使其自然脱落。压迫伤口止血，或用炭灰研成末或捣烂嫩竹叶敷于伤口。

2 应对寒冷气候

（1）防雪盲：备墨镜、太阳镜。

（2）防干：润肤露和润唇膏。

（3）防冻：风雪天外出应戴上手套、防寒帽、耳朵套。保持脚部的温暖干燥，袜子湿了要及时更换，风大时应停止户外活动。经常按摩揉搓冻伤部位以促进血液循环。在高海拔地区，可补充吸氧，促进血液循环。

3 应对高原环境

（1）患有严重心肺疾病者应避免前往高原地区。

（2）保持良好心态，消除恐惧心理，避免过度紧张。

（3）限制体力消耗，避免剧烈运动，保持良好食欲及体重平衡。

（4）保证充足睡眠，不要暴饮暴食，不要酗酒，刚到达高原地区几天内不要洗澡。

（5）在专业人员指导下服用抗高原反应药物，适当吸氧。当反应症状加重时，应及时到医院就诊。

PUBLIC HEALTH
SAFETY
公共卫生安全

〔1〕尽可能避免在黄昏和黎明外出，蚊子通常在此时叮咬；晚上外出时要穿长袖衣服和长裤，避免穿深色衣服，深色衣服会吸引蚊子。

〔2〕将避蚊剂涂抹在裸露的皮肤上，要选用含避蚊胺或酞酸二乙酯浓度较高的避蚊剂。

〔3〕使用门纱和窗纱防蚊。如居室门窗不严紧，使用蚊帐。

〔4〕晚上睡觉前，使用含有合成除虫菊酯类的驱蚊用喷雾剂或杀虫剂，或者在卧室点燃含合成除虫菊酯的蚊香。

〔5〕若不小心被动物抓伤或咬伤，应高度重视，尽快采取医疗措施；勿共用有可能刺破皮肤或黏膜的用具，如牙刷、剃须刀、指甲刀等；避免不必要的输血和注射，确实需要打针时，要使用一次性针头。